UNE

EXCURSION

A JERSEY

PAR

A. L.

AVEC NOTES HISTORIQUES

ET UNE CARTE DE L'ILE

ALENÇON. — IMPRIMERIE A. HERPIN

1889

UNE
EXCURSION A JERSEY

———

UNE EXCURSION A JERSEY

PAR

A. L.

AVEC NOTES HISTORIQUES

ET UNE CARTE DE L'ILE

ALENÇON. — IMPRIMERIE A. HERPIN

1889

PRÉFACE

Désirant conserver plus longtemps le souvenir d'une aussi agréable excursion que celle de Jersey, je me suis décidé à réunir les notes que j'avais prises.

J'y ai joint des renseignements utiles aux touristes ainsi qu'une carte de l'île et j'ai osé faire imprimer ces quelques lignes afin de les offrir à mes amis, espérant les engager à visiter Jersey.

C'est là ma seule ambition, aussi je compte sur toute l'indulgence de mes lecteurs.

A. L.

Alençon, 1er Juillet 1889.

CHAPITRE Ier

UN PEU D'HISTOIRE ANCIENNE

Dans les temps préhistoriques, l'Europe se prolongeait jusqu'au Nord de l'Irlande, et ce fut deux mille ans environ avant Jésus-Christ qu'un cataclysme créa le canal de la Manche.

Il se forma àlors dans cette mer les îles de Guernesey, Jersey, Aurigny, Serk, Herm et les Ilots de Jethou, Brechou, Lehou, les Casquets, les Ecrehous, les Pater-Noster, etc....

En 709, les grandes marées d'Equinoxe séparèrent Jersey du continent et c'est dans cette scission que furent engloutis les habitants, les maisons, les plaines, et la forêt de Scissiacum, sur l'emplacement desquels se trouve aujourd'hui la baie du Mont-Saint-Michel. L'archipel des iles de la Manche était formé.

Les premiers habitants de Jersey et de toute la contrée paraissent avoir été des Ibères dont le type, du reste, se retrouve encore à Granville.

Plus tard, les Carthaginois vinrent faire du commerce dans ces îles où ils ne tardèrent pas à créer une flotte pour les transports. On vit alors les insulaires obligés de prendre les armes pour défendre leur indépendance.

Sous César, ils essuyèrent plusieurs défaites.

A la fin du IVe siècle, on vit les Saxons venir piller les îles, et ils exercèrent leurs déprédations jusqu'à la fin du viie. A Jersey ils construisirent des retranchements et des ports et ils y déposèrent leur butin, ce qui nous porte à croire qu'ils épargnèrent cette ile.

Sous la féodalité, les habitants de Jersey

ne connurent pas le servage ; les seigneurs tolérèrent les vieilles coutumes de liberté et d'indépendance et n'eurent jamais d'insurrection à réprimer.

En 1056, Guillaume le Conquérant s'emparait de l'Angleterre. Comme il avait besoin d'une flotte, il la fit construire dans les îles et bientôt il eut à sa disposition 696 navires et 2.000 bateaux.

Guillaume laissa trois fils dont le plus jeune, Henri (Beau-Clerc), fit exécuter des travaux considérables au château de Gorey à Jersey. A la mort de son second frère, il s'empara du pouvoir et enferma son aîné, au château de Cardiff. Il fit construire à Jersey les églises de Sainte-Brelade (1111) Saint-Martin (1116), puis celles de Saint-Clément (1117), et Saint-Ouen (1130). Et enfin il fonda une école.

A cette époque, Jean-sans-Terre expulsa les bandits des îles et leva des impôts.

Voici deux documents intéressants à ce sujet :

Mandement de Jean-sans-Terre pour expulser des Iles, les malfaiteurs. (1202).

Rex etc... omnibus fidelibus suis de insulis de Gerse et Gernereye et Aurene ad quos etc...	Le Roi etc.... à tous ses sujets des îles de Jersey, Guernesey et Aurigny salut! etc.
Mandamus vobis quod sitis in auxilium servienti nostro custodienti insulas predictas ad jurandum malefactores et latrones manentes in insulis illis et ad evocandum eos de cis. Teste meipso apud Rothomagum XII die Julii (ext. des M. ss. de M. de Gerville).	Ordonnons que vous veniez en aide à notre serviteur chargé de la garde des îles susdites pour conjurer les malfaiteurs et les voleurs demeurant dans ces îles et les en chasser. Fait en ma présence en la ville de Rouen ce douzième jour du mois de Juillet.

Mandement de Jean-sans-Terre aux baillis de Pierre de Préaux dans les îles pour lever un impôt.

Rex.. baillivis Petri de Pratellis in insulis de Gerse et Gernese salutem. Volumus et firmiter precipimus quod episcopi, abbatus, abbatisse, clerici, milites, vavassores et alii qui redditus et tenementa habent in insulis de Gerse et Ger-	Le roi aux baillis de Pierre de Préaux, dans les îles de Jersey et de Guernesey, salut. Nous voulons et prescrivons instamment que les évêques, abbés, abbesses. clercs, chevaliers, vavasseurs et autres qui possèdent des revenus et ténements

nereye quintam partem reddituum suorum unius anni sive feodorum sive elemosinarum prebeant ad sustentandum milites et servientes qui predictas insulas defendent ab extraneis. Et ideo vobis mandamus quod hec ita fieri faciatis. Teste me ipso apud Alencionum xiii die Augusti MCCIII. (Archives de la Manche).

dans les îles de Jersey et Guernesey donnent la cinquième partie de leurs revenus d'une année soit en fiefs soit en aumônes pour entretenir les chevaliers et les sergents qui défendent les îles susdites des étrangers.

C'est pourquoi nous vous ordonnons d'agir en conséquence.

Fait en ma présence, à Alençon le 13e jour d'Auguste 1203.

En 1204, les insulaires ont acquis une sorte de personnalité indestructible qui leur donne plus de liberté qu'on n'en possédait en Angleterre et en Normandie.

C'est à partir de ce moment que la France et l'Angleterre se disputent la possession des Iles. Ces querelles constituent le point capital de l'histoire de Jersey.

Comment Jersey tomba-t-elle au pouvoir des Anglais ?

Cette conquête fut le résultat des évènements que nous allons raconter :

En 1205, la Normandie et la Bretagne

ayant fermé leurs ports aux Anglais, ceux-ci conçurent le projet de s'emparer de Jersey dont la possession leur était devenue par suite indispensable.

Or, les Français en étaient les maîtres à cette époque. Mais l'année suivante, en 1206, les Jersiais mécontents chassèrent leurs protecteurs qui les gardaient fort mal contre les incursions des Anglais et laissèrent ceux-ci pénétrer sur le territoire.

En vertu du traité signé par Louis de France avec Henri iii mineur, les Français devaient évacuer Jersey ; les ports de cette île devaient être gardés par la milice et les navires étrangers obligés de payer un droit d'entrée de un marc.

Plus tard, une flotte française essaya de reconquérir les îles, mais après les avoir pillées et dévastées elle dut abandonner son entreprise. D'autres tentatives ne furent pas plus heureuses. Du Guesclin voulut détruire le château de Gorey et s'emparer de l'île, mais la flotte de Salisbury arriva et le força à se retirer.

En 1453 les îles ont réparé leurs pertes

et elles se couvrent de constructions et de routes.

A ce moment comme le dit M. PEGOT-OGIER, dans son *Histoire des îles de la Manche* :

« Les îles indépendantes, protégées,
« jouissant de privilèges, développent leur
« bien-être et seraient heureuses si les
« concussions et les exactions continuelles
« ne venaient troubler leur tranquille
« existence de travail. »

En 1649, Charles II vint se réfugier à Jersey. Il s'installa au château Elisabeth d'où il envoya des émissaires à Paris proposer la vente des îles au prix de deux millions. Mais Mazarin, qui cultivait alors l'amitié de Cromwel, crut devoir lui faire part de cette proposition.

Aussitôt ce dernier vint débarquer à St-Aubin et chasser Charles II de sa retraite.

La prospérité de Jersey allait s'accroître de plus en plus. La population était de 3o.ooo âmes. Une bibliothèque importante était fondée en 173o.

En 1742 l'hopital général de Saint-Hélier

était construit. En 1751, on inaugurait la statue de Georges II sur la place royale.

En 1768, la Chambre de Commerce est fondée. Enfin l'année 1774 est marquée par l'introduction dans l'île du *méthodisme*, ou doctrine de Wesley.

La France allait encore faire une tentative pour reprendre ce morceau de terre arraché de ses flancs.

Louis XVI envoya une flottille assez importante qui fut dispersée par une tempête. Non découragé par cet échec, il chargea un aventurier du nom de Rullecourt d'opérer une deuxième descente. Celui-ci débarqua heureusement et s'empara de la ville de Saint-Hélier, mais les troupes du fort Elisabeth et du château de Mont-Orgueil vinrent le déloger et il fut tué dans le combat avec 152 hommes sur 200 qu'il avait amenés.

Enfin, une dernière tentative fut faite contre Jersey par Napoléon pour qui cette île était un cauchemar. Aussi s'écria-t-il :

« Non, la France ne peut tolérer plus
« longtemps ce nid de brigands et

« d'assassins ; il faut enfin que l'Europe,
« soit purgée de cette vermine ! etc... »

Hélas ! Napoléon échoua comme ses prédécesseurs et la population de l'île, qui comptait 7 à 8000 Français et qui avait été longtemps Française de cœur, se prit d'amour pour sa nouvelle reine : Victoria (1837).

A partir de 1792, Jersey fut un lieu de refuge, pour les émigrés, prêtres, princes, assasssins et faussaires. La population doubla en 2 ans. Les évènements de 1870 amenèrent 5 à 600 Français qui y reçurent une hospitalité sympathique.

CHAPITRE II

GÉOGRAPHIE — TOPOGRAPHIE — GÉOLOGIE —

CLIMATOLOGIE ET POPULATION DE JERSEY.

L'ILE de Jersey est située par 49°10' de latitude Nord, et 2°20' de longitude Ouest (méridien de Londres).

Elle se trouve à 32 kil. de Granville, à 40 de Saint-Malo, à 28 de Guernesey à 52 d'Aurigny, à 160 de Southampton, et à 20 de Carteret (*Manche*). Sa superficie est de 170.000 hectares dont 160.000 cultivables.

Son contour est un grand quadrilatère de 22 kil. de long sur 15 de large.

La profondeur de la mer entre Jersey et la France est de 7 brasses au plus.

Quant à la constitution du sol, voici ce qu'elle est d'après M. de Lapparent :

(*Bull. société géol. de France, tome XII*).

La roche la plus ancienne est une *Grauwake* schisteuse analogue aux phyllades cambriens de Granville. Cette roche occupe le centre de l'île et est entourée de trois massifs de granit dit *syénite*.

Ce granit est formé de feldspath rouge, de quartz vitreux et de mica verdâtre.

Le plus bel affleurement de ce granit est au nord près du mont Mado. Il forme une bande de 2 kil. du Nord au Sud sur 300 à 400 mètres de large. Sur les flancs, on trouve des filons de quartz avec *molybdène* sulfuré.

Le deuxième massif se voit au sud-ouest (baie de Sainte-Brelade) et le troisième au sud-est (baie Saint-Clément).

Une autre roche se rencontre au château Sainte-Elisabeth. Elle est formée de diabase soudée à un granit rose.

La longue bande porphyrique qui s'étend de la baie de Grouville au Havre Giffard est une des plus belles variétés de *pyroméride* que l'on connaisse.

Ainsi, le centre de l'île est cambrien, et les contours sont des roches éruptives dont l'apparition remonterait à l'époque permienne.

Le climat de Jersey est très doux à cause du gulf-stream dont l'influence bienfaisante se fait ressentir dans toute l'île. Il contribue en partie à sa fertilité, à l'égalité de sa température et à l'absence presque complète de neige en hiver. Seuls les vents d'est qui soufflent avec force au printemps viennent troubler l'air pur et serein de ce petit paradis.

La population de Jersey est de 70.000 âmes dont 35.000 à Saint-Hélier ce qui fait une moyenne de quatre habitants par hectare tandis que dans notre pays normand on compte seulement un habitant par hectare !

Sous le rapport de la salubrité, l'île n'a rien à envier à aucune terre. Elle doit l'assainissement de ses campagnes à la disposition de son terrain qui s'étend en pente assez rapide vers la mer.

CHAPITRE III

Jersey est divisée en 12 paroisses : St-Hélier, Saint-Sauveur, Saint-Clément, Grouville, Saint-Martin, Saint-Pierre, Saint-Brelade, Saint-Laurent, La Trinité, Saint-Jean, Sainte-Marie et Saint-Ouen.

Elle fait partie du comté de Southampton.

La langue officielle étant le Français, la justice y est rendue en cette langue.

L'île étant seulement sous le protectorat de l'Angleterre s'administre elle-même et a des États et une Cour de Justice.

Chaque paroisse possède une église

reconnue et une administration municipale qui est ainsi composée :

Le connétable ou maire, les centeniers ou adjoints, les vingteniers, les officiers du connétable, les procureurs du bien public et les surveillants.

La place de connétable est honorifique et, à Saint-Hélier, elle nécessite tout le dévouement de celui qui l'occupe, car on a vu que la population de la capitale était la moitié de celle de l'île.

Le connétable est chargé de la police de la ville; il est aidé en cela par six centeniers, sept vingteniers et vingt-quatre officiers du connétable.

Toutes ces fonctions sont conférées par élection pour trois ans et sont honorifiques: Il y a seulement 16 agents de police salariés à Saint-Hélier.

Le connétable remplit aussi les fonctions de juge de paix. Tous les matins, à l'hôtel-de-ville, il tient une audience. Là, il inflige une amende aux personnes arrêtées pour ivresse, tapage nocturne etc. ou bien il les envoie devant le tribunal correctionnel, ou bien encore il réconcilie les parties entre elles.

Le plus haut personnage de l'île est le gouverneur qui est nommé par la Reine et remplacé tous les cinq ans. Il commande en chef toutes les forces militaires. La milice est sous ses ordres comme la troupe.

La garnison se compose de 5oo hommes environ d'infanterie au fort Régent et d'une batterie d'artillerie au fort Elisabeth.

La milice est composée de tous les hommes valides nés à Jersey et âgés de 18 à 36 ans. Leur service est obligatoire et gratuit.

Le bailli est aussi nommé par la reine et est inamovible. Il préside les États de la cour royale et s'appelle alors chef-magistrat. Il choisit ses lieutenants pour le remplacer quand il y a lieu.

La Cour royale est ainsi composée :

Le bailli et douze assesseurs, ou jurés, justiciers élus par le peuple et inamovibles ; le procureur général et l'avocat général, nommés par la couronne et qui forment le ministère public. Puis le vicomte qui recueille les successions des personnes sans héritiers directs. Le greffier et commis-greffier. L'enregistreur des contrats, le billetier et les dénonciateurs. Enfin, les avocats, écrivains ou sollicitors (avoués), notaires et arpenteurs assermentés.

Cette Cour royale juge tous les cas sauf celui de haute trahison.

On peut en appeler au conseil privé de la couronne pour les causes où il s'agit d'une somme supérieure à 5.000 francs.

Le Tribunal de police correctionnelle est présidé par un juge, qui s'occupe aussi du recouvrement des petites dettes n'excédant pas 250 francs.

La cour d'assises se réunit tous les deux mois. Elle se compose de 24 jurés qui sont tenus au secret pendant toute la session.

Enfin le corps législatif ou états ayant le Bailli comme Président, puis 12 jurés justiciers, 12 recteurs des paroisses, 12 connétables et 14 députés élus par le peuple de 3 en 3 ans. Chaque paroisse a un député. Celle de Saint-Hélier, seule, en a trois. Il faut être sujet britannique pour être électeur.

Les Officiers de la Couronne et le

Gouverneur peuvent siéger aux États mais ils n'ont pas droit de vote. Cependant, le Gouverneur peut mettre son veto à toute loi qui lui paraît contraire à la constitution, et en avertit la Reine.

Le nombre des religions qui existent à Jersey est considérable.

Voici, en effet, le relevé des églises ou temples appartenant aux différents cultes de l'île :

1° Religion catholique : 3 églises desservies par les pères oblats. La cathédrale à Saint-Hélier, se trouve dans Val-Plaisant ; deux autres églises ont été placées à St-Mathieu et à St-Martin.

2° Religion catholique irlandaise : 1 église dans Vauxhal-Street pour les 4.000 Irlandais de l'ile.

3° Religion Anglicane : 12 églises paroissiales et 13 succursales. 25 en tout, desservies par 12 recteurs et 14 ministres.

4° Religion Wesleyenne : 24 chapelles, dont 19 françaises desservies par 4 pasteurs et 25 prédicateurs, et 5 anglaises desservies par 2 pasteurs, 1 évangéliste et 13 prédicateurs.

5° 2 églises évangéliques françaises à St-Hélier et 4 ou 5 à la campagne.

6° 3 chapelles des Chrétiens de la Bible.

7° Une chapelle des méthodistes primitifs.

8° Une chapelle presbytérienne.

9° Une chapelle congrégationaliste.

10° Une chapelle baptiste.

11° Un temple swedenborgien, ou de la nouvelle Jérusalem.

12° Plusieurs temples de l'armée du salut.

En résumé, dans l'île de Jersey, il y a plus de 80 lieux consacrés à 43 religions différentes.

En outre, plusieurs congrégations y ont des écoles ou des couvents.

Les Frères des Ecoles Chrétiennes, les Dames de Saint-André, Petites Sœurs des pauvres à Hourteville près Saint-Hélier.

650 enfants environ fréquentent les écoles françaises.

Enfin on voit la secte des francs-maçons qui possèdent 7 temples pour se réunir. Ils dépendent de la grande loge de l'Angleterre.

CHAPITRE IV

AGRICULTURE ET COMMERCE

Il se fait quelquefois trois récoltes par an à Jersey.

On y cultive surtout le blé, la pomme de terre dont la production est considérable, et dont on exporte pour 10 à 12 millions, par an, les choux dont l'espèce dite *cavalier* monte en moyenne à quatre mètres.

On en a vu atteindre six mètres et même sept.

Les feuilles servent de nourriture aux bestiaux et la tige est employée, soit à

couvrir des hangars, soit à faire des per-
ches, des palissades contre les volatiles, soit
enfin à fabriquer des cannes de Jersey.

On cultive encore les asperges etc.

Parmi les arbres fruitiers on remarque le
figuier et le pêcher, mais le plus répandu
est sans contredit le poirier et spécialement
celui qui appartient à l'espèce de *chaumontel*
dont les fruits atteignent fréquemment des
poids incroyables.

Il n'est pas rare de voir un de ces fruits
pesant une livre et acheté un schelling. On
en a pesé trois qui ont donné un poids de
1475 grammes.

La vigne y vient en abondance ; chaque
maison possède sa serre. Les plus belles
serres sont celles de Saint-Aubin qui ont 7
à 800 mètres de long, et qui fournissent
annuellement 5.750 okil. de fruits représentant
un revenu de 20 à 30.000 fr. Dans chaque
serre il y a en général trois espèces de raisin :
le blanc, le noir et le rouge violet. — Les
grappes sont toutes énormes et leurs grains
atteignent parfois les proportions d'un œuf

de pigeon ; ajoutez à cela que la qualité répond à la quantité. Chaque propriétaire, en cède à ses visiteurs à raison de 1 fr. 25 la livre, mais la plus grande partie est exportée en Angleterre et en France.

Sur le versant des côteaux situés au nord et à l'ouest de la ville et couronnés par un petit bois, s'étendent les riches et gras pâturages de l'île. Là paissent en liberté de toutes petites vaches aux membres déliés et à la tête fine et intelligente. C'est la race de Jersey, connue et appréciée dans le monde entier. Elle constitue, comme vache laitière, une ressource des plus précieuses pour le pays. Aussi, faut-il voir avec quels soins jaloux les habitants s'appliquent à lui conserver sa pureté ; ainsi, il est défendu d'importer à Jersey (pour empêcher les croisements), des vaches et taureaux de France, sauf pour la viande de boucherie. Dans ce cas les animaux sont enfermés dans des lieux où on les abat. Aussi, la race de Jersey est-elle une des plus pures.

Voici ce qu'une vache peut donner de lait dans une année :

14 litres par jour pendant 4 mois 1.68o lit.
12 — 3 — 1.08o —
8 — 3 — 72o —
4 — 1 — 12o —
2 — 1 — 6o —
____
3.66o lit.

A l'âge de 8 ans elle donne même 4.09o litres. On ne s'étonnera donc pas, que la race de Jersey soit vendue si cher. Les Américains les achètent au prix de 1000 et 1.5oo livres sterling soit 25.ooo et 37.5oo fr.

En moyenne elles valent 6, 8 et 10.ooo fr.

Dans son commerce, Jersey exporte surtout ses produits agricoles et importe de France la viande, le beurre et les œufs. Sa marine marchande se compose de 35o navires qui vont au Canada, en Grèce etc. pour y porter les morues et en rapporter des vins des raisins et des huiles.

Comme on le voit d'après ces quelques données, l'île de Jersey a été favorisée sous tous les rapports et c'est à juste titre qu'elle a été nommée «l'émeraude de l'Angleterre.»

CHAPITRE V

LA TRAVERSÉE

Nous étions à Granville depuis plusieurs semaines et tous les jours nous voyons autour de nous des touristes qui chantaient les louanges de Jersey. Pourquoi ne pas profiter de nos derniers jours de vacances pour visiter ce pays que l'on dit si beau ?

. . . .

C'est un vendredi de septembre 1888 que nous partons de Granville pour Jersey. Le temps est superbe, quoique l'atmosphère soit alourdie par un soleil torride. Le départ est fixé à 10 h. 30 du matin, mais comme le capitaine du *Honfleur* est très indulgent envers les retardataires, 11 heures sonnent à l'église du Vieux Granville, quand on largue les amarres. Nous entrons dans la passe. Là, se font les derniers adieux des amis et des parents.

Enfin, dernier coup de cloche, dernier coup de sifflet et le navire sort du port en laissant derrière lui un long sillage d'écume blanche. Le *Honfleur*, appartient à la Compagnie Anglaise « *London et South-Western Railway* » qui fait le service entre Granville et Jersey, Saint-Malo et Jersey, Jersey et Guernesey, Jersey et Southampton.

Cette compagnie est renommée pour ses bons marcheurs, aussi, filons-nous avec rapidité sur une mer unie comme un lac.

Au bout d'une demi-heure nous avons à droite en arrière, la côte de Granville qui disparait peu à peu sous les flots et à gauche l'archipel, très curieux à marée basse, des îles de Chausey. Les mouettes nous accompagnent dès lors et ne nous quitteront plus que dans le port de Saint-Hélier.

Dans l'eau flottent des milliers de méduses de toutes grosseurs, avec leurs rameaux gélatineux. Bientôt les lougres des pêcheurs deviennent rares, nous perdons de vue les côtes de France, les îles Chausey; et nous ne voyons plus que le ciel et l'eau.

Sur les limites des eaux Françaises, un garde-côte (1) fait sa ronde à toute vapeur.

Quoique la traversée soit de courte durée, on est ému par l'infini de l'horizon et l'on songe au courage de ces grands navigateurs qui dans des siècles moins civilisés ont été au-delà des limites des mondes connus.

Nous serions, sans doute, restés fort longtemps plongés dans nos rêveries ou dans la contemplation du spectacle offert à nos yeux si un besoin plus prosaïque n'était venu nous rappeler à la réalité. L'heure du repas avait sonné et un déjeuner à bord était dans nos plans. Donc nous descendîmes au salon. Le prix des victuailles est assez élevé sur ces bateaux de plaisance.

L'Anglais commence déjà à mettre l'étranger à contribution. On trouve comme

(1) L'Alcyon attaché au port de Granville à ce moment-là.

menu des sandwich à 4 pence des biftecks à 1 schelling 6 pences, et comme boisson, du vin, du pale-ale, etc.

Notre repas terminé, nous remontons sur le pont ; une vive agitation y règne : Deux balises sont en vue. Les lunettes sortent de leurs étuis et bientôt elles sont braquées sur une ligne indécise de l'horizon.

Peu à peu, la ligne s'accentue, l'on voit bientôt sortir des eaux une terre verdoyante et une ville éclatante de blancheur sous les rayons du soleil.

Cette terre ? C'est Jersey ; cette ville ? c'est Saint-Hélier.

Les couleurs Françaises sont déjà remplacées par le pavillon Britannique et, dès ce moment, nous sommes sous le protectorat de sa majesté la reine Victoria !

La traversée avait duré son minimum de deux heures et demie.

CHAPITRE VI

PREMIÈRE EXCURSION. — GROTTES DE PLÉMONT

Sur le quai, dès le débarquement, les passagers sont assaillis par les portefaix; car ici les conducteurs de voitures de place ou les garçons d'hôtels n'ont pas le droit de toucher aux bagages des voyageurs. Ce sont les commissionnaires qui les portent aux omnibus, moyennant o fr. 3o par colis.

Un policeman, dans sa grande houppelande, coiffé de son casque en étoffe, et sa baguette dans la main droite, veille au respect de cette coutume.

On sait qu'il n'y a pas de douane à Jersey, partant pas de perquisition dans les malles. Les voitures ne manquent pas, car il s'en trouve une cinquantaine sur le quai.

Arrivés à l'hôtel, nous sommes entourés immédiatement d'une foule de gens plus ou moins désintéressés.

Le daily télégraph! des fleurs! des plans! des vues ! tout cela nous est offert avec force cris anglais. Par dessus tout ce bruit on entend la voix grave d'un guide qui, le carnet à la main, nous dit : « Messieurs et dames, on part à une heure et demie pour faire la première excursion du programme : grottes de Plémont, je vous inscris. » Et là dessus il disparaît.

A peine avons-nous le temps de reconnaître nos chambres que nous entendons une lourde voiture s'arrêter devant l'hôtel. C'est un « car » d'excursion de la compagnie Française (alliance A. Fauvel), attelé de quatre chevaux et composé de six banquettes à cinq places chacune. Celles-ci sont disposées en gradins de telle sorte qu'il faut grimper par une échelle pour s'y installer.

Le guide habitué aux usages français aide les dames à monter.

Une fois assis, on est fort bien, et du dernier banc surtout, on a une vue plus étendue du paysage.

« For ward ! » crie le guide, et nous voilà lancés à toute vitesse dans les belles rues de Saint-Hélier.

Tout d'abord, nous prenons la route de St-Aubin qui longe la mer en contournant *Saint-Aubin's Bay*, dont nous ne sommes séparés que par le railway construit en 1878 pour relier Saint-Aubin à Saint-Hélier. La route est large et bien entretenue.

Sur notre droite, ce sont des hôtels et maisons particulières alignés et propres, presque tous peints en jaune ou en rose.

Leurs fenêtres sont séparées horizontalement par le milieu et s'ouvrent en glissant de bas en haut.

Toutes ces constructions portent un nom de villa inscrit ou gravé dans une pierre au-dessus de la porte.

A notre gauche la vue s'étend sur la mer

dont un seul coin nous est caché par le rocher d'*Elisabeth Castle*.

Sur ce rocher isolé et fortifié se trouvent les casernes de l'infanterie. A mer basse les touristes peuvent aller s'y promener et visiter le vieux château.

Nous quittons la route de Saint-Aubin pour remonter dans l'intérieur des terres et nous entrons dans la vallée de Saint-Pierre (Saint-Peter's). Le guide nous fait voir la résidence de Charles ii lorsqu'il vint à Jersey. Nous commençons à jouir du spectacle d'une campagne toujours verdoyante et fertile. A chaque instant c'est une nouvelle surprise. Ici, la chapelle des pêcheurs entourée d'arbres au sombre feuillage ; là, des cottages, avec leur jardinet couvert de fleurs, leur serre, leur petit bois, et leur champ de choux.

Entre chaque villa, ce sont d'immenses prairies d'un vert émeraude dans lesquelles paissent de petites vaches noires et blanches. La plus belle propriété de cette vallée est, sans contredit, le manoir de La Hougue, appartenant à M. Lecornu. Très ancien de construction, il est assis au milieu d'un parc magnifique, où des milliers de lapins ont établi leur séjour. Sur une seule pelouse, je puis affirmer qu'il s'en trouvait plus de cinq cents sautant et jouant ensemble, sans être nullement effrayés par notre passage et nos cris.

Nous voyons ensuite l'église (church) de Sainte-Marie et la propriété des *Vinchelez*.

Plus loin dans la campagne, des moulins à vent, entourés de figuiers, nous offrent une vue des environs de Nice. Nous entrons dans des chemins creux et ombragés, sortes de longs tunnels, où le soleil pénètre avec peine. Le guide nous dit plaisamment que ce sont les chemins des amoureux.

De là, nous arrivons au sentier des Escargots, qui aboutit à Plémont, but de notre promenade.

On a une heure et demie d'arrêt pour visiter les grottes et les cascades.

Aussitôt, chacun met pied à terre et nous nous engageons, en file indienne, dans un petit sentier tortueux qui descend toujours, toujours. On se cramponne au rocher avec d'autant plus d'énergie que sur la gauche se trouve un énorme précipice.

Enfin nous arrivons à la maison du garde qui, moyennant une redevance de o fr. 10 par personne, nous permet de continuer la descente.

Nous sommes, en peu d'instants, sur la grève du Lançon. C'est là que le fil télégraphique qui relie Saint-Hélier à Southampton vient se perdre sous les eaux. Semblable à un long serpent, il se déroule entre les rochers et disparaît dans la mer.

Après avoir contemplé la hauteur d'où nous sommes descendus et où il nous paraît impossible de remonter, nous allons, précédés d'un guide, visiter la grotte et les cascades. Quand nous ressortons de ce lieu humide et froid, la mer a recouvert l'entrée de la grotte, et il nous faut passer sur un pont improvisé.

Nous jetons un coup d'œil sur le beau panorama qui nous entoure, et nous commençons l'escalade de la roche.

Souvent on s'arrête, accablé par la chaleur du soleil, mais la gaieté règne parmi nous.

Les touristes Français rient des touristes anglais et les miss alertes comme des chèvres nous regardent d'un air moqueur.

Avant de remonter en voiture il faut entrer à l'hôtel, bâtiment isolé, au sommet de la falaise, et qui mérite d'être visité. On y goûte avec des sandwichs et du pale ale. Quelques affamés se font servir des tranches d'un énorme quartier de bœuf, que deux garçons apportent avec peine.

La grande salle à manger est alors remplie de monde, car d'autres voitures des compagnies Anglaises « Royal Paragon », « royal blue » etc. ont apporté une centaine de touristes.

« Et c'est tous les jours la même chose ! » nous dit l'hôtelier, pendant les quatre mois de la belle saison.

Vers quatre heures et demie, nous repartons pour Saint-Hélier, par un autre chemin que celui de l'aller.

Nous traversons du N. au S. la paroisse de Saint-Ouen, dont le collège, le manoir (style gothique) et l'église (1130) sont autant de curiosités pour un archéologue.

Plus loin, la *Robeline*, vaste propriété qui peut lutter avec nos plus beaux domaines de Normandie.

Tout à coup, au détour du chemin, la mer, formant l'immense baie de Saint-Ouen qui occupe toute la côte Ouest de l'île. A l'Etacq, le sable est si fin qu'il voltige au moindre vent comme de la poussière. Après avoir longé la côte, nous revenons vers St-Aubin en passant près de l'église de Saint-Pierre qui date de 1167.

Arrivés aux serres vignobles, nous descendons tous pour visiter ces vignes superbes et ces raisins d'une grosseur et d'une qualité peu communes.

Ensuite nous passons devant l'arsenal de Saint-Pierre, à Beaulieu, et enfin, à Saint-Aubin, village coquet et propre, avec son port de refuge et sa gare en forme de carène de vaisseau.

Pendant notre retour, de Saint-Aubin, à Saint-Hélier, nous sommes accompagnés d'une foule de petits pauvres qui courent derrière la voiture en criant : « Pence !

pence ! » jusqu'à ce qu'ils aient reçu quelque menue monnaie.

Le soir après dîner nous allons un peu à l'aventure, dans les rues. La ville, nous semble populeuse et vivante. Les magasins bien mieux éclairés qu'en France, étalent aux devantures les objets les plus merveilleux de l'industrie anglaise.

Il est neuf heures quand nous rentrons. Les rues ne sont plus dès lors fréquentées que par une foule de soldats qui se promènent jusqu'à minuit sous l'œil vigilant et sévère des policemen, la lanterne au côté.

CHAPITRE VII

DEUXIÈME EXCURSION. — MONT-ORGUEIL.

A SEPT heures du matin, nous sommes réveillés par un gai rayon de soleil qui nous permet d'espérer une belle journée. Aussitôt levés, nous nous rendons sur le port, et à la vùe de la mer calme et unie comme un miroir, nous nous promettons une heureuse et paisible traversée pour le surlendemain.

A midi, le grand char attend les excursionnistes. Nous prenons la route St-Sauveur, où nous voyons d'abord à droite le collège Victoria, magnifique maison d'éducation pour les jeunes Anglais ; puis Beaulieu où se trouve la maison St-Louis, tenue par des Jésuites, ainsi qu'une école préparatoire à la marine ; à gauche le palais du Gouverneur gardé par une sentinelle.

Au haut de la côte, la vue embrasse un panorama féerique : à nos pieds la ville de Saint-Hélier ; plus près, le palais avec son parc ; au loin, la mer, avec son horizon grandiose et infini.....

Le guide fait entendre un sifflement, les chevaux s'élancent, et nous filons sous les chemins ombreux. On nous fait remarquer l'église Saint-Sauveur qui date de 1154.

Puis nous arrivons à la Tour du Prince qui est une des curiosités de l'île.

Cette tour, très ancienne, est bâtie sur un rocher au milieu d'un immense jardin. De son sommet la vue s'étend sur toute l'île de Jersey. Elle a trois étages et on y remarque de beaux restes d'architecture, de vieilles fenêtres, et des meubles, tombant de vétusté (1).

―――――

(1) On visite cette tour moyennant un schelling.

A peine sommes-nous remontés en voiture, que l'on nous prie de ne pas bouger. Un photographe est là. En une minute nous sommes photographiés par groupes de trente ou quarante, libres d'acheter ou non cette photographie. Je puis dire que c'est là une véritable manie de l'île, car presqu'à toutes les haltes on vous photographie de force.

Nous repartons et bientôt nous sommes en vue de (*Boulay bay*) la baie du Boulay, qui offre par sa plage couverte de sable fin et ses rochers agrestes, à travers lesquels serpente la route, le paysage le plus pittoresque qu'on puisse imaginer.

Plus loin la baie de Rozel, dont le petit port offre un abri tranquille et sûr aux navires surpris par la tempête.

Au manoir de Rozel, tout le monde est admis à visiter les jardins tropicaux plantés d'arbres d'essences diverses et provenant des pays chauds. Ils sont situés sur le flanc d'une colline dont la pente est assez rapide.

On est bientôt récompensé de la fatigue éprouvée par l'interminable ascension, à travers des cactus géants, des haies d'aubépines, des tuyas, des pins, et des cèdres. De la plate-forme du sommet, en effet, la vue s'étend jusqu'aux côtes de France. C'est que nous nous trouvons, en face de Port-Bail (Manche) au point le plus rapproché du continent.

Le vieux manoir est à mi-côte, et il est tellement caché par le feuillage touffu des arbres qui l'environnent qu'on l'aperçoit à peine. Des ruisseaux d'eau claire et limpide serpentent sur le gazon du parc en roulant dans leur course des petits cailloux blancs. C'est un des plus beaux paysages qu'on puisse admirer, aussi les touristes abandonnent-ils avec regret ce coin de terre enchanteur. Mais, il se fait tard et nous n'avons fait que la moitié de la route. Nous passons sans nous arrêter devant le port de St-Martin et l'église de même nom, qui date de 1116 (La plus ancienne de Jersey, après Sainte-Brelades).

Mont-Orgueil se dresse tout à coup devant nous, surmonté du château construit par Jules César, et assiégé en 1347 par Duguesclin.

Nouvel arrêt et nouvelle ascension. Mais cette fois ce sont des escaliers semblables à ceux du Mont-Saint-Michel qu'il nous faut gravir. Les murs sont rongés par l'humidité qui suinte partout et plusieurs passages ainsi que les caves sont interdits au public comme dangereux. Au sommet du donjon (100 mètres au-dessus du niveau de la mer) on voit l'emplacement des anciennes pièces d'artillerie. Au loin on aperçoit sur la côte de France Port-Bail, Carteret et même le cap de la Hague par un temps clair. Au milieu des eaux s'élèvent les rochers noirs des îles « Ecrehous ». Enfin au pied de la tour, le port de Gorey où un garde-côtes anglais le *Misletoë* paraît gros comme une coquille de noix. C'est de ce port que part le *Cotentin* faisant le service de Portbail.

Le village se compose d'un petit nombre de maisons. Sur le môle, un hôtel devant lequel deux grands diables déguenillés, ressemblant fort à des Allemands, exécutent en notre honneur avec un violon et une clarinette, des valses de Strauss. La menue monnaie que les touristes leur jettent les excitent et ils entonnent la Marseillaise et l'air national anglais.

En quittant Gorey nous côtoyons la seconde voie ferrée partant de Saint-Hélier et s'arrêtant à une petite distance de Mont-Orgueil. Nous laissons à gauche le fort Henry, le champ de courses, les *Woodlands* et la baie de Grouville. Nous passons sur la paroisse de Saint-Clément dont l'église (1117) fut construite un an après celle de Saint-Martin.

La baie de Saint-Clément est fort belle, mais n'offre pas d'abri aux pêcheurs.

Plus loin on voit les restes de monuments druidiques et le manoir de *Samarès*.

Enfin le guide nous fait remarquer, sur la route qui longe la plage des bains de Saint-Hélier, une maison de modeste apparence mais bien située.

« C'est là, dit-il, que le grand poëte français, exilé, après avoir écrit *Napoléon le petit* et *les Châtiments* à Bruxelles, vint mettre au jour *les Travailleurs de la mer*, dont les scènes lui ont été inspirées par la beauté du pays.

On sait, ajouta le guide, que chassé de Jersey avec d'autres proscrits il se retira enfin à Guernesey où il écrivit *les misérables* etc. Encore aujourd'hui, paraît-il, on trouve à Guernesey le vieux pêcheur qui accompagnait Victor HUGO dans ses promenades. »

CHAPITRE VIII

Voici notre dernière grande excursion. Si elle est la plus belle de beaucoup, elle est à coup sûr la plus dangereuse ; car pour s'aventurer au Trou-du-Diable et surtout dans les cavernes de Lecq, il faut avoir bon pied, bon œil et bannir de son esprit toute crainte futile.

Partis par Queen's-Road en longeant la Parade, nous traversons l'île dans toute sa largeur en passant par le village de la Première-Tour et nous arrivons à la baie de Bonne-Nuit.

Les voitures d'excursion font un détour pour passer devant le cimetière de Sion, l'obélisque des proscrits, et arriver au Havre Giffard qui est à l'est de la baie de Bonne-Nuit.

De là on revient aux carrières de Mont-Mado assez importantes et d'où l'on extrait un granit fort beau. Outre qu'il est intéressant au point de vue archéologique, on s'en sert pour la construction de tombeaux énormes qui sont souvent d'un seul bloc. Fréquemment on emploie les différentes nuances de ce granit (blanc, rose, jaune, vert) pour produire des effets de mosaïque. Il est susceptible d'un très beau poli et l'on sait quelle quantité de bijoux l'on fait avec des fragments de granit enchâssés dans l'argent.

Au sortir des carrières nous apercevons l'église St-Jean (1204) et nous voilà rendus au terrible « Trou-du-diable » ou « Creux du vis ».

Pour s'y rendre à pied, on descend la colline ; le chemin d'abord fermé aux passages dangereux par des clôtures en planches, contourne ensuite un rocher avancé sur la mer. Ici pas de garde-fou, les vagues déferlent à une grande profondeur sur le rocher à pic et l'on semble même suspendu dans le vide. Une maison de garde barre le chemin un peu plus loin et moyennant un péage on a le droit de descendre dans le fameux trou. Un grand entonnoir est à nos pieds ; et du fond de ce gouffre s'échappe un bruit semblable à celui du tonnerre. Il ne manque qu'un Cerbère et l'on pourrait se croire dans l'empire de Pluton !

Déjà plusieurs des nôtres nous appellent et bientôt, suspendus les uns à la suite des autres à la corde qui sert de rampe, nous nous enfonçons dans la sombre caverne.

Peu de dames osent descendre, excepté les Anglaises et les miss qui poussent des aoh ! répercutés par les échos de ce précipice.

Certes, nous ne tardons pas à être récompensés des peines que nous avons éprouvées. Devant nos regards s'offre un long tunnel large de 5 à 6 mètres, haut de 3 ou 4 qui s'étend jusqu'à la mer. Les vagues à marée montante viennent s'engouffrer dans ce couloir avec un bruit qui prend des proportions effrayantes. Nous serions restés fort longtemps à contempler ce spectacle sans proférer une parole, si nous n'avions été rappelés par les dames inquiètes. Dix minutes après nous étions en voiture et le grondement de l'eau nous poursuivait encore. . . . .

. . . .

A la grève de Lecq ce fut bien autre chose. Un guide spécial conduit les visiteurs sous terre en les éclairant avec une torche. A l'extrémité de la grotte il faut monter à pic un rocher de 8o mètres de haut ; mais cette fois point de corde ; les aspérités du rocher seules doivent nous suffire. Une dame, arrivée à 40 mètres de hauteur, se retourne et voyant cet abîme qui s'ouvre à ses pieds, pousse des cris déchirants et menace de se précipiter dans le vide. Ceux qui se trouvent au-dessous d'elle craignant qu'elle ne mette son projet à exécution et qu'elle ne les entraîne dans sa chute la supplient de conserver son sang-froid. Ce

n'est qu'après cinq minutes d'arrêt et après
avoir versé un torrent de larmes que la
bonne dame se décide enfin à reprendre sa
marche ascendante. Mais une fois au sommet
elle jura bien de ne plus recommencer !

La plage de Lecq est fort belle et forme
une petite anse protégée naguère par une
jetée. Celle-ci malgré sa solidité avait été
rompue en son milieu pendant la tempête
du 20 décembre 1884 où un navire *l'Écho*
se perdit corps et biens.

Au sommet de la grève s'élèvent des
constructions fortifiées qui servent de
casernes au dépôt d'infanterie chargé de
surveiller le nord de l'île. Un tir à la cible
est établi non loin de là.

Avant le départ il fallut encore se laisser
photographier devant le pavillon-restaurant.
Ce pavillon est le plus élégant de Jersey
aussi est-il fréquenté par une nombreuse
société qui vient y faire de la musique.

Pour revenir à la ville nous traversons
la vallée de Saint-Laurent où se trouvent
l'église du même nom (1199) et l'arsenal.

Cette vallée est une des plus fertiles de

l'ile et comme partout, les villas, les bois, les prairies s'y succèdent sans interruption offrant à nos regards enchantés les paysages les plus pittoresques et les plus gracieux.

———

CHAPITRE IX

COMME les grandes excursions occupent le touriste depuis midi jusqu'à six heures, il ne lui reste que la matinée et la soirée pour visiter la ville et les quelques endroits curieux des alentours.

On peut ainsi aller à Saint-Aubin par le railway en 15 minutes. Saint-Aubin était autrefois la capitale de l'île. La légende raconte qu'un saint homme d'une grande austérité vivait dans l'hermitage à côté du château Elisabeth. Il s'appelait Helerius.

D'où le nom de St-Hélier que l'on donna à la nouvelle capitale après sa mort.

Si l'on veut prendre le chemin de fer de l'Est on arrive comme nous l'avons vu à Gorey en 22 minutes en passant par Pontac site fort joli.

Maintenant visitons la ville :

En partant du port nous prenons *Conway Street* qui aboutit à la place *Brood* où se dresse le monument élevé à la mémoire du Français Le Sueur qui fut élu cinq fois maire de Saint-Hélier.

Sur cette place se trouve une station de voitures. Nous suivons Broad Street qui nous mène au royal square. Là se trouvent la bibliothèque et les tribunaux où se tiennent les États, la Cour de Justice et la Police Correctionnelle.

La façade du bâtiment est d'un style sévère et l'intérieur en est glacial. La porte de droite est destinée au public, celle de gauche aux magistrats. Sur un socle de granit au milieu de la place s'élève la statue dorée de Georges II selon les uns, mais qui d'après les autres n'est qu'une image insignifiante arrachée, dit-on, à la proue d'un navire.

De là on peut aller visiter le fort Régent pourvu toutefois que l'on soit muni d'une autorisation du Gouverneur.

Prenant ensuite *Halket Place* nous sommes bientôt rendus aux marchés. Ceux-ci sont d'une étendue et d'une propreté qui peuvent rivaliser avec les plus beaux marchés de France. Les loges des marchands sont en bois sculpté ; la toiture est en verre et au milieu se trouvent une vasque et un jet d'eau qui répandent dans tout l'édifice une fraîcheur agréable (1). En face se trouve le marché au poisson qui lui aussi est parfaitement organisé. Le dimanche au son de la cloche qui ferme le marché tous les marchands sont tenus de rentrer leurs denrées et de nettoyer, de telle sorte qu'une demi-heure après il ne reste plus rien et les halles absolument désertes sont fermées.

Dans le prolongement de *Halkett Place* nous arrivons sur *Grove place* après laquelle

(1) Le policemann de service et l'inspecteur du marché défendent même de fumer en traversant le hall.

on peut voir sur la gauche l'établissement
de la poste et du télégraphe. En tournant
à gauche on se trouve dans New Street et
on a en face de soi l'église française
catholique de *Val-Plaisant*.

En descendant cette rue bordée d'hôtels
magnifiques pour la plupart et occupés par
des banquiers on arrive bientôt dans la rue
la plus commerçante de Saint-Hélier, *King
Street*.

Je n'essaierai pas de décrire la richesse
des magasins, leur grandeur et la belle
organisation de leurs étalages ; mais pour
donner une idée du luxe de cette ville
comparé à celui de Paris je citerai les
magasins de Cruchy dans le passage de ce
nom près de l'hôtel du Palais de Cristal.
Ces immenses galeries où l'on s'approvi-
sionne de tout, meubles, étoffes, lingerie,
objets d'arts, vaisselle etc... sont ornées de
51 glaces de quatre mètres de hauteur sur
deux mètres de large.

De *King street* nous nous dirigeons sur
Parade place. Là s'étend une vaste pelouse
plantée d'arbres, au milieu de laquelle se

dresse sur un piédestal en granit la magnifique statue du général Don, ancien Gouverneur et qui traça toutes les routes de l'île.

A gauche on voit l'Hôtel de Ville et le commissariat de police.

Dans *Gloucester Street*, l'hôpital et le théâtre royal méritent d'être remarqués.

En suivant l'esplanade nous revenons au port.

Dans une autre matinée nous allons voir le temple maçonnique dans *Stofford Road*. Ce temple avec ses colonnades est l'un des plus beaux monuments de la ville. Puis nous entrons dans différentes églises, toutes curieuses par leur disposition intérieure.

Le dimanche surtout le spectacle change.

La ville est pleine de tristesse et de monotonie ; les magasins sont tous fermés et les rues sont désertes. Pas de promeneurs car tous les habitants sont dans les temples. Aussi ces derniers regorgent-ils de fidèles. A côté du gentlemann on y voit le matelot écoutant une prédication faite en Français ici, là en Anglais.

Le soir seulement, le bruit recommence et par la porte entrebaillée des bars s'échappent les cris et les refrains des buveurs. La rue alors appartient au bas peuple et les gens paisibles rentrent chez eux.

———

CHAPITRE X

Beaucoup de personnes croient que les coutumes de Jersey sont Françaises.

Elles ne sont ni Françaises ni Anglaises, elles sont locales ; mais comme la population est plutôt Anglaise on comprend que les coutumes de la Grande Bretagne s'y implantent au détriment de celles de la France.

Voici quelques usages en vigueur à St-Hélier ou dans l'île.

Tous les matins à cinq heures et demie un coup de canon tiré du château Elisabeth annonce le réveil pour la garnison et le soir à 9 heures et demie un autre coup de canon indique l'heure du couvre-feu.

On sait qu'il n'y a pas d'impôt à Jersey si ce n'est pour les liquides. Voici un aperçu des droits :

Vins et liqueurs droit de 0 fr. 45 par pot.
Spiritueux   —   2 fr. 50   —

Les étrangers n'ont pas le droit d'acquérir des propriétés dans l'île.

Toute transaction, vente, marché ou bail faite un dimanche est considérée comme nulle dans la suite.

Tous les contrats se font sur papier libre. Le papier timbré n'existe pas.

Les traites sous peine d'être non valables doivent d'abord être acceptées par les personnes sur qui elles sont tirées.

Les lettres et les dépêches sont transportées à domicile comme en France par des facteurs. Mais la poste et le télégraphe ont à remplir beaucoup moins de formalités que chez nous. Les employés n'écrivent qu'au crayon et ne sont pas cachés derrière des guichets. Ils délivrent rapidement des mandats et ont pour les chargements beaucoup moins de travail que les employés en France (1). Les bureaux sont ouverts de sept heures du matin à minuit, mais on ne délivre plus de mandats après six heures. Les dimanches, la poste n'est ouverte que de 9 à 10 heures du matin. Il n'est reçu que de l'argent anglais. Le télégraphe pour l'Angleterre ouvre de 7 à 11 heures du matin le dimanche et de 5 à 7 le soir.

Le télégraphe pour la France (2) se trouve dans Library Place n° 2. Les bureaux en sont ouverts la semaine de huit heures du matin à 9 heures du soir et le dimanche de 9 à 10 heures et demie le matin et de 5 à 6 heures le soir.

La livre sterling anglaise est prise dans les transactions avec la France (mandats internationaux) pour 25 fr. 20.

Une grande question pour l'étranger à Jersey c'est la valeur comparée des pièces françaises et anglaises.

Voici quelques renseignements à ce sujet :

(1) Il n'est pas accepté de lettres chargées avec valeur déclarée.
(2) Compagnie Sub marine télégraphe.

L'Angleterre emploie le système duodécimal. Une pièce de o fr. o5 s'appelle half penny ou demi penny. Une pièce de o fr. 10 vaut donc un penny.

Quand on compte plusieurs penny on les appelle pence (1).

Il faut 12 pences pour faire un schelling.

18 pences valent   1 schelling 1/2.

24   —   2 schellings.

4 schellings font   5 francs.

20   —   25 fr. et s'appellent livre sterling.

Il y a aussi du papier monnaie fabriqué par chaque paroisse à Jersey et valant 25 fr. mais ce papier n'est pas accepté à la poste.

En réalité le schelling que l'on n'accepte que pour 24 sous dans beaucoup de magasins en vaut 25.

Voici un tableau des monnaies anglaises avec leurs valeurs en monnaies françaises:

MONNAIES

Farthing ou 1/2 penny vaut	o fr. o5
Penny	— o fr. 10
Two pence	— o fr. 20

(1) Pence est le pluriel de penny.

Schelling — 1 fr. 25
Half crown — 3 fr. 18
Ecu ou crown — 6 fr. 36
Demi-guinée — 13 fr. 73
Demi-Jacobus — 15 fr. 85
Souverain — 24 fr.
Guinée — 25 fr. 20
Jacobus — 27 fr. 80

POIDS

Les poids sont : la livre, le stone, le pound et le hundred.

MESURES DE CAPACITÉ

Pinte ou 1/2 quart vaut 1/2 litre
Quart — 1/2 pot — 19/20 —
Pot — 1/2 gallon — 1 — 3/10
Gallon — 1/2 peck — 3 — 4/5
Peck — 1/4 bushel — 7 — 3/5
Bushel — 8 quater — 15 — 11/50
Quater — 1/5 wey — 121 — 17/20
Wey — 1/2 last — 609 — 1/6
Last — 1218 — 1/5

Il y a encore le firkin, kilderkin, barrel, hogshead puncheon, rundled, tierce, butt.

LONGUEURS

Les longueurs comparées à celles de France sont :

Barley corn ou	1/3	d'inch			
Inch	— 1/3	de palm	vaut		25 1/3
Palm	— 1/3	de span	—		75
Pied			—	3o c.	1/2
Coudée	— 1/2	yard	—	45 c.	3/4
Yard	— 1 1/3	de pas	—	91 c.	1/3
Pas	— 1 1/3	de fathom	—	1 m. 20 c.	4/5
Fathom	— 2 2/3	de pole	—	1 m. 62 c.	
Pole	— 1/40	de stade	—	4 m. 46 c.	11/20
Stade	— 1/8	de mille	—	165 m. 27 c.	1/2
Mille			—	1322 m. 20 c.	

CONCLUSION

En cinq jours nous avions visité Jersey et il fallait songer à quitter ce pays enchanteur et à revenir à Granville.

Le lendemain à 1 heure de l'après-midi tous les passagers se trouvaient à bord.

Le temps était sombre et une brise assez forte soufflait du large.

A peine sortis de la passe nous aperçûmes au loin des vagues couronnées d'écume blanche.

« Il y aura des malades ! » dit un vieux matelot en passant près de nous.

En effet je ne m'arrêterai pas à dépeindre l'aspect du bateau après un quart d'heure de marche. Nous étions alors par le travers du courant des îles Minquiers et le vent s'élevait. Les vagues bondissaient par dessus le pont et remplissaient les canots où s'étaient réfugiées quelques dames.

L'avant seul était encore tenable. Sur les 150 passagers qui se trouvaient à bord, une centaine éprouvaient le mal de mer.

La plupart étaient arrivés la veille à Jersey entraînés peut-être malgré eux par un guide qui les avait conduits de Paris à Granville, leur avait fait visiter le Mont-Saint-Michel et les îles Chausey et enfin les avait amenés à Jersey.

Sans avoir eu le temps en un jour de contempler les beautés de l'île, ils retournaient en toute hâte à Paris pour y être le lendemain à six heures du matin !

C'était un voyage en train de plaisir et à bon marché !

La traversée dura trois longues heures ; le calme se rétablit dès que nous fûmes abrités par les îles Chausey et nous débarquâmes enfin sur le rivage de France.

Et maintenant ami lecteur je vous conseille d'aller voir Jersey, mais par un beau temps!

APPENDICE

RENSEIGNEMENTS POUR LES TOURISTES

ON est souvent heureux d'avoir quelques renseignements sur le pays que l'on se propose de visiter. C'est pourquoi j'ai réuni dans cet appendice quelques notes sur les prix courants à Jersey.

Poste : Taxe d'une lettre pour les
    îles de la Manche et l'Angleterre o fr. 10
Pour la France et l'Algérie   o fr. 25
Journaux et circulaires dont le
    poids ne dépasse pas 2 onces :
    France et Angleterre   o fr. o5

Télégraphe : o fr. o5 par mot avec minimum de 12 mots pour l'Angleterre.

Pour la France o fr. 25 par mot sans minimum.

Colis postaux : Pour un colis de 3 livres et au-dessous   1 fr. 65

De 3 à 7 livres   2 fr. 15

Bateaux : Voici un tableau du prix des places pour les principaux parcours partant de Jersey :

	Trajet simple		Aller & retour	
	1re	2me	1re	2me
Jersey à Guernesey	6 25	3 75	8 5o	6 25
— Southampton	25 »	17 5o	41 25	28 75
— Londres	41 25	28 75	6o »	47 5o
— Saint-Brieuc	8 75	5 »	15 »	8 75
— Granville	1o »	6 25	» »	» »
— avec retour facultatif par St-Malo et valable 1 mois	» »	» »	15 »	9 40

Les enfants âgés de moins de 3 ans ne paient pas. Ceux âgés de 3 à 12 ans paient demi place.

Les chiens paient 3 fr.

Le trajet de Gorey à Portbail coûte :

6 55 en première et 2 15 en seconde.

Aller et retour : 1o »   —   6 25   —

Chemins de fer :

De St-Hélier à Gorey : trajet simple :	1re	o 8o	2me	o 6o
Aller et retour :	—	1 3o	—	1 »
Le dimanche —	—	o 8o	—	o 6o
De St-Hélier à St-Aubin trajet simple:	—	o 6o	—	o 4o
Aller et retour :	—	o 90	—	o 5o
De St-Hélier à Corbières trajet simp :	—	1 4o	—	1 »
Aller et retour :	—	2 1o	—	1 5o

Voitures : Les voitures pour grandes excursions coûtent 3 fr. 25 par personne.

Voitures de place :

Une course d'un mille	1 fr. 25
Chaque mille en plus	o fr. 6o
A l'heure. La première heure	3 fr. »
Chaque demi-heure en plus	1 fr. 25
Une voiture de 2 places la journée	15 fr. »

Actes :

Affiches de publication de mariage	2 fr.
Légalisation, naissance ou décès	3 fr.
Expédition —	3 fr.
Légalisation acte de mariage	6 fr.
Consentement à mariage	12 fr.
Légalisation de signatures	12 fr.
Procuration	15 fr.
— générale	3o fr.

NOTA : Les indigents ne paient pas.

Prix des marchandises dans les magasins:

Tout Français qui ne connaît pas les usages anglais est fort embarrassé quand il veut savoir le prix d'un objet placé à l'étalage d'un magasin.

Aussi les quelques notes qui suivent, pourront être utiles au besoin.

Si un objet est marqué : 1/5, cela veut dire 1 schelling et 5 pence ou 1 fr. 55.

Car tout chiffre placé devant une barre indique des schellings et celui placé derrière des pence. Maintenant on voit que dans : $6 \frac{1}{2}$ d., 6 signifie des pence, et $\frac{1}{2}$ d. ou $\frac{1}{2}$ denier veut dire un demi penny ou un sou. Donc l'objet vaut 0 fr. 65.

Pour les étoffes il faut remarquer que le mètre anglais ou le yard n'a que 0 m. 91 et demi.

Il faut 11 yards pour former 10 mètres.

Si l'on voit 8/6 d. cela veut dire 8 schellings 6 deniers ou 10 fr. 60.

Un bijou sera étiqueté par exemple : L. 12-10-6. Le nombre qui suit L indique des livres sterlings valant 25 fr. le 2me nombre io indique des schellings et le troisième des pence.

Ce bijou vaudra 313 fr.

On aurait ainsi : L. 31. o. 7

                    L. 2. 4. o etc. etc.

Il y a fort peu de magasins français à St-Hélier et le *paradis des touristes* est à peu près le seul où les prix soient marqués en Français.

TABLE

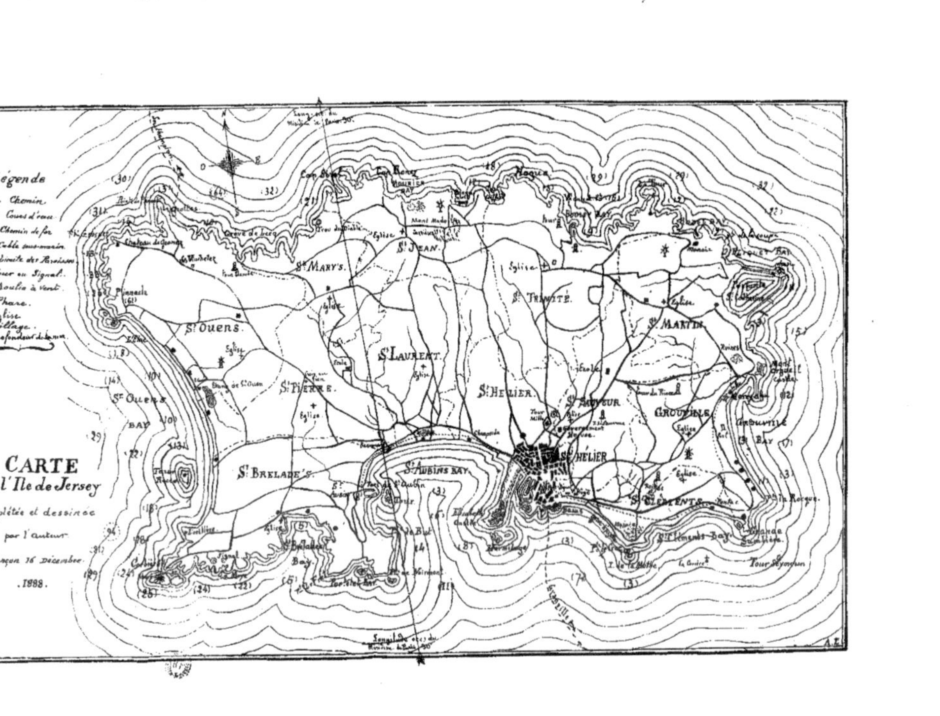

Légende
Chemin.
Cours d'eau.
Chemin de fer.
Câble sous-marin.
Limite des Paroisses.
Tour ou Signal.
Moulin à vent.
Phare.
Église.
Village.
(24) Profondeur de la mer.

CARTE
de l'Ile de Jersey
complétée et dessinée
par l'auteur
Alençon 16 Décembre
1888.

St Ouens.
St Ouens Bay
St Pierre.
St Brelade's
St Brelade's Bay
St Mary's.
St Laurent.
St Jean.
St Trinité.
St Martin.
St Helier.
St Sauveur.
Grouville.
Grouville Bay
St Clement's.
St Clement's Bay
St Aubins Bay
Pinnacle

9 782019 944230